ÉCRIT ET ILLUSTRÉ
PAR ALEX A.

© Presses Aventure, 2013
© Alex A., 2013

D'après une idée originale de Alex A.

PRESSES AVENTURE, une division de
LES PUBLICATIONS MODUS VIVENDI INC.
55, rue Jean-Talon Ouest
Montréal (Québec) H2R 2W8
CANADA
www.groupemodus.com

Éditeur : Marc G. Alain
Responsable de collection : Marie-Eve Labelle
Auteur et illustrateur : Alex A.
Infographiste : Vicky Masse

Dépôt légal — Bibliothèque et Archives nationales du Québec, 2013
Dépôt légal — Bibliothèque et Archives Canada, 2013

ISBN 978-2-89660-527-9

Nous reconnaissons l'aide financière du gouvernement du Canada par l'entremise du Fonds du livre du Canada pour nos activités d'édition.

Gouvernement du Québec — Programme de crédit d'impôt pour l'édition de livres — Gestion SODEC

Imprimé en Chine en mars 2015

LA PROPHÉTIE DES QUATRE

PRESSES AVENTURE

LE PRÉSENT...

BIENVENUE DANS MON DOJO, JEAN.

MON NOM EST NOÉ. JE SERAI TON PROFESSEUR D'ARTS MARTIAUX POUR LA PROCHAINE ANNÉE, AINSI QUE TON GUIDE SPIRITUEL.

ICI, TU APPRENDRAS TOUTES LES TECHNIQUES DU STYLE DE COMBAT QUI SE PERPÉTUE DEPUIS DES MILLÉNAIRES À L'AGENCE...

LE DRAGON FOU.

COOL !

MAIS LE CHEMIN NE SERA PAS DE TOUT REPOS. TU DEVRAS RÉSONNER TEL UN CUMULUS ET ÊTRE AUSSI SOUPLE QU'UN BAMBOU.

EUH... OK ! MAIS JE NE PROMETS RIEN.

MAINTENANT..., MONTRE-MOI TON ÂME.

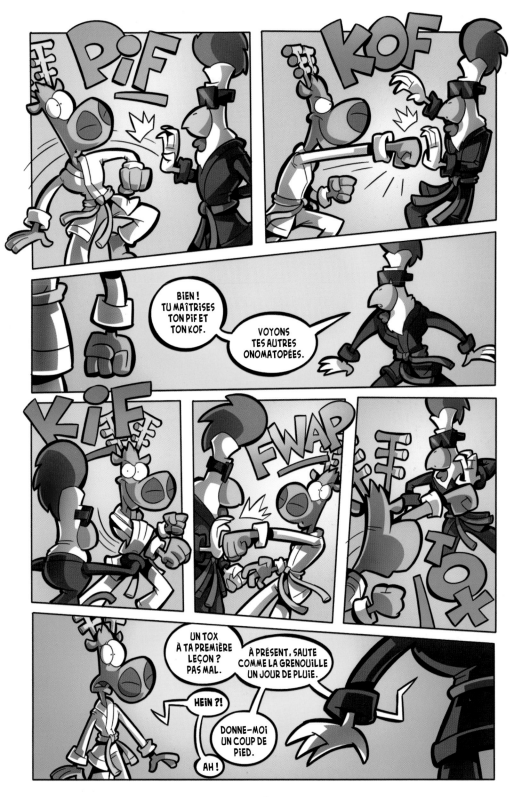

11

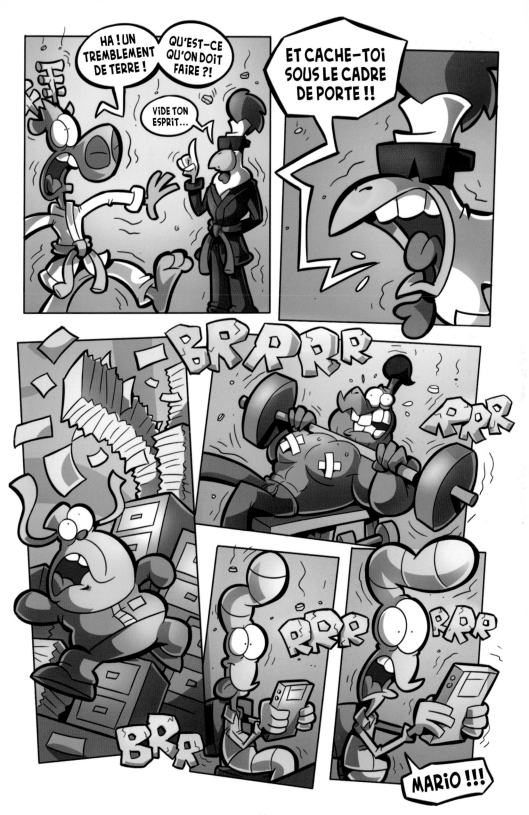

13

ENCORE ?

REGARDEZ, J'AI FAIT TOUS LES CALCULS. CETTE ANNÉE, ÇA FERA 4 MILLIARDS D'ANNÉES QUE LA TERRE EXISTE. NOTRE SOLEIL ENTRERA DANS SON QUATRIÈME CYCLE ET S'ALIGNERA AVEC 4 AUTRES SOLEILS VERS LE MILIEU DE LA GALAXIE, QUI ELLE-MÊME EST INCLINÉE À UN DEGRÉ DE 4,444.

ET AUJOURD'HUI, NOUS AVONS EU DROIT AU QUATRIÈME TREMBLEMENT DE TERRE EN 4 SEMAINES. 4, 4, 4. QUE DES 4 PARTOUT ! JE CROIS QUE NOUS NOUS APPRÊTONS À VIVRE...

QU'EST-CE QUE VOUS DITES LÀ, HENRY ?

LA PROPHÉTIE DES 4.

COOL ! C'EST QUOI ?

S'IL VOUS PLAÎT, HENRY, CE SONT DES HISTOIRES POUR LES ENFANTS. JE NE VOUS SAVAIS PAS SI SUPERSTITIEUX.

EUH, EN FAIT... JE LE SUIS, OUI. MAIS ÇA NE CHANGE RIEN À MES CALCULS !

C'EST VRAI ? T'ES SUPERSTITIEUX ?

OUI...

HAA !!

HU ! HU ! JE VAIS M'AMUSER AVEC ÇA.

15

16

ET 4, LORSQUE TOUS CES ÉVÉNEMENTS ARRIVERONT À LEUR PAROXYSME, LE GRAND ET PUISSANT DÉMON KASTARO SERA RESSUSCITÉ...

ET DÉTRUIRA CE QU'IL RESTE DE NOTRE CIVILISATION, POUR FINALEMENT RÉGNER SUR NOTRE PLANÈTE.

MAINTENANT, JE RETOURNE DANS L'OMBRE.

EXACTEMENT ! ET LES 4 TREMBLEMENTS DE TERRE FONT PARTIE DES PREMIERS SIGNES AVANT-COUREURS ! SELON MES CALCULS, ON A 4 JOURS AVANT QUE TOUT CELA NE SE PRODUISE.

HÉ, J'Y PENSE... C'EST LA QUATRIÈME FIN DU MONDE QU'ON DOIT EMPÊCHER CETTE ANNÉE.

VOUS VOYEZ !!!

HAAA ! ÇA BRÛLE !!!

HA ! HA ! IL EST VRAIMENT SUPERSTITIEUX !

C'EST BIEN BEAU TOUT ÇA, MAIS VOUS OUBLIEZ UNE CHOSE. NOÉ, QUELS SONT LES AUTRES SIGNES AVANT-COUREURS ?

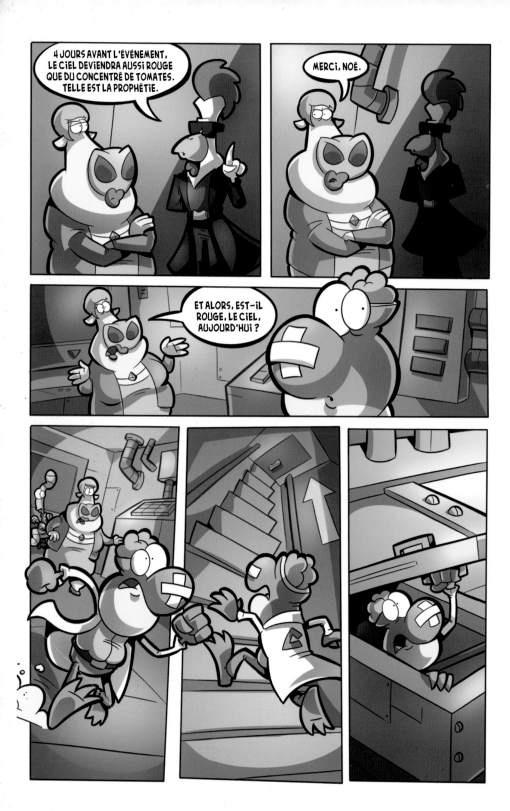

20

JAMAIS ENTENDU PARLER DE ÇA. QU'EST-CE QUE C'EST ?

WAA !!

LES TERRES ROUGES OU, COMME LES PEUPLES ANCIENS LES APPELAIENT...

LES PLAINES DE SANG.

EN PLUS DE LEUR CHALEUR ACCABLANTE ET DE LEUR AIR HAUTEMENT POLLUÉ, CES TERRES SONT PEUPLÉES DE DIVERSES CRÉATURES MYTHIQUES, PLUS MEURTRIÈRES LES UNES QUE LES AUTRES.

COMME DES MINOTAURES,

DES GORGONES...

ET ALAIN LA BANANE.

EUH, OUI. MERCI ENCORE, NOÉ...

ON AURAIT DIT QUE TU AVAIS UNE VISION TRAUMATISANTE. J'AI DES CARAMELS SI TU VEUX !

NON NON, ÇA VA ALLER. HENRY ET MOIGNONS VOUS ATTENDENT AU SOUS-SOL. VOUS POUVEZ DISPOSER.

COMPRIS !

JEAN. CETTE MISSION EST DE LOIN LA PLUS DANGEREUSE QUE VOUS AUREZ EU À FAIRE DEPUIS QUE VOUS ÊTES EN FONCTION.

TÂCHEZ DE REVENIR VIVANT.

HA ! HA ! C'EST SÛR QUE JE VAIS REVENIR VIVANT !

COMMENT TU VEUX QUE JE REVIENNE SI JE SUIS MORT ?

...

VOUS POUVEZ SORTIR DE MON BUREAU ?!

...

NON.

25

33

ET LUI, C'EST COLÈRE, MON FILS.

ENCHANTÉ !

ARGHEU !!!

IL VA BIEN ?

OH, NE T'EN FAIS PAS POUR LUI, IL A JUSTE MANQUÉ UN PEU D'OXYGÈNE À LA NAISSANCE.

ET TOUS LES DEUX, NOUS FAISONS PARTIE DU...

CLUB DES REBELLES.

CLUB DES REBELLES ?

OUAIS, JE SAIS, ÇA FAIT PAS TRÈS « COOL »... ON A TOUS EU BEAUCOUP DE MAL EN FAISANT UN REMUE-MÉNINGES POUR TROUVER UN NOM. MAIS ENFIN...

ARGHEU !

NOUS T'AVONS SAUVÉ, CAR NOUS AURIONS JUSTEMENT BESOIN DE NOUVEAUX MEMBRES JEUNES ET FRINGANTS COMME TOI DANS NOTRE ÉQUIPE.

TU NE SAIS PEUT-ÊTRE PLUS QUI TU ES, MAIS, À EN JUGER PAR TON APPARENCE, TU M'AS L'AIR D'UN SACRÉ DUR À CUIRE... REGARDE.

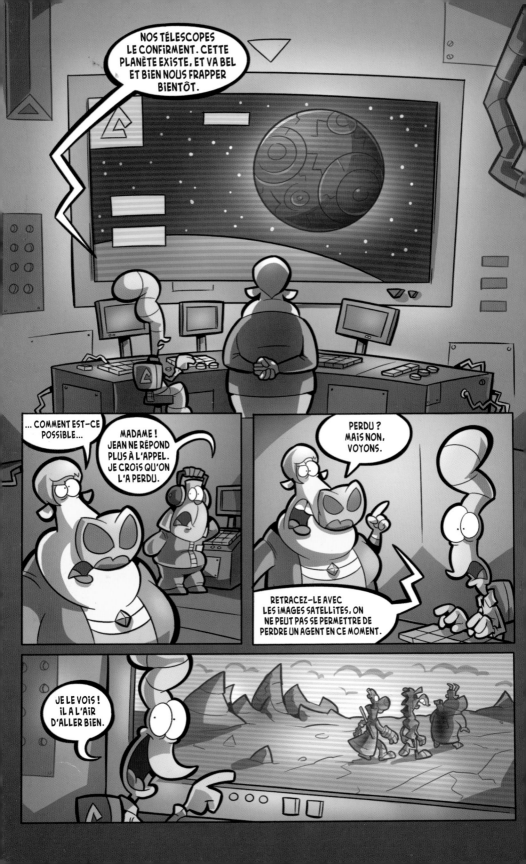

HA ! OUI, EUH...

ENCORE UNE DE VOS « HYPOGLYCÉMIES » ?

NON... JE... JE CONNAIS CETTE PERSONNE.

ELLE S'APPELLE CASSANDRA. AVANT D'ARRIVER À L'AGENCE, MOI, HYLDA ET ELLE FAISIONS PARTIE D'UN GROUPE DE JUSTICIÈRES...

ARCHIVES 44

LE CLAN DES FRANGINES.

EUH... C'EST QUOI CE NOM ?

JE SAIS, JE SAIS... NOUS ÉTIONS JEUNES.

DONC, JEAN EST EN BONNE COMPAGNIE ?

... PAS VRAIMENT.

MOIGNONS, PRÉPAREZ L'AÉRONEF.

JE ME RENDS SUR LES TERRES ROUGES.

BIENVENUE CHEZ NOUS, BORIUS.

WAW, C'EST DÉCORÉ AVEC GOÛT.

J'AIME BEAUCOUP VOS RIDEAUX.

JE TE PRÉSENTE LES AUTRES MEMBRES DU CLUB. ALAIN LA BANANE, TERRIBLE CRÉATURE LÉGENDAIRE DES TERRES ROUGES.

ET UNE EXCELLENTE SOURCE DE POTASSIUM.

ELLE, C'EST HOSTILIA, NOTRE SCIENTIFIQUE.

VOUS ME DITES QUELQUE CHOSE, VOUS...

J'AI UN VISAGE TRÈS COMMUN.

AH BON.

Note d'Alex A : Euh... désolé pour ça... en y repensant, c'est vrai que c'est pas très utile d'expliquer une deuxième fois la situation. Je pense que tout le monde a compris la première fois, non ? C'est ça quand il y a des histoires d'amnésie... Alors, en attendant que Cassandra ait fini son discours, je vous présente... **ceci** !

46

49

53

EUH... NON NON ! J'AI... JUSTE OUBLIÉ MA CORDE À DANSER DANS MON AUTO...

QUEL EST TON NOM, DIS-MOI ?

EUH... JE M'APPELLE BLANCHE-NEIGE.

N'OUBLIE PAS, BORIUS, TU NE DOIS JAMAIS RÉVÉLER TON VÉRITABLE NOM !

ET LES SEPT NAINS.

MONTE SUR LA SCÈNE, S'IL TE PLAÎT.

ALORS, « BLANCHE », TU ES BIEN UN DES NÔTRES, N'EST-CE PAS ?

OH, ÇA OUI !

TU N'ES CERTAINEMENT PAS UN IMPOSTEUR QUI ESSAIE D'INFILTRER NOTRE GROUPE,

N'EST-CE PAS ?

EUH... EUH... IL ME SEMBLE QUE NON !

DE TOUTE MANIÈRE, POUR QUELLE RAISON QUELQU'UN VOUDRAIT INFILTRER NOTRE GROUPE ? SAUF SI, BIEN SÛR, C'ÉTAIT POUR VOLER CET UNIQUE EXEMPLAIRE DE LA PROPHÉTIE DES QUATRE.

ÇA POURRAIT ÊTRE UNE EXCELLENTE RAISON, EFFECTIVEMENT !

OUI ! MAIS COMME TU N'ES PAS UN IMPOSTEUR, TU N'ES PAS ICI POUR ÇA,

NON ?

EUH... JE SUIS PLUS SÛR DE SUIVRE LÀ...

EXCELLENT ! ALORS PRENDS-LE, LE LIVRE, JE PEUX TE FAIRE PARFAITEMENT CONFIANCE !

TIENS !

57

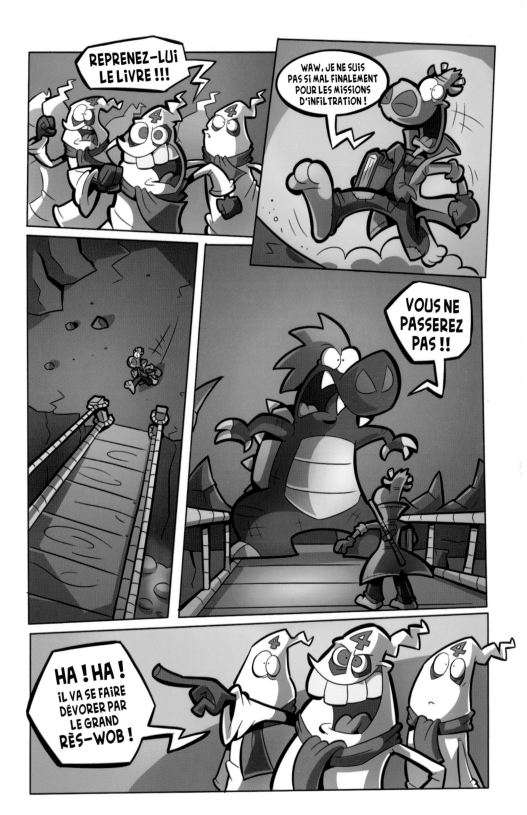

59

MERCI BEAUCOUP ! MAIS LA PRINCESSE EST DANS UN AUTRE CHÂTEAU.

MM ?

ARRÊTE !
IL N'Y A PAS DE DÉMON !
PAS DE FIN DU MONDE !
CES HISTOIRES NE SONT QUE DES MACHINATIONS !

C'EST FAUX !!!
CES HISTOIRES SONT VRAIES ! TU DEVRAIS BIEN LE VOIR, MARTHA. LE CIEL EST ROUGE. LA TERRE TREMBLE SANS ARRÊT. LES VOLCANS ONT COMMENCÉ À GRONDER.

MAKHUS EST APPARUE DANS LE CIEL. LA FIN EST PROCHE !!

BIEN SÛR. ET TOI, TU ES LA MÈRE DE L'ÉLU QUI RÉGNERA SUR CES NOUVELLES TERRES DE FEU. QUEL BEAU RÔLE...

TU AS ENCORE TES POUVOIRS DE DIVINATION, AVEC ÇA ?

PFF, CERTAINEMENT ! LA PREUVE... EUH... D'ICI CINQ SECONDES, TU N'ÉTERNUERAS PAS !

ATCHOUM !

T'AS FAIT EXPRÈS !

NON, MÊME PAS... ÇA, C'EST TRÈS DRÔLE.

ÉCOUTE, CASSANDRA. TU AS UN POTENTIEL ÉNORME, MAIS TU VIS TOUJOURS DANS UN MONDE D'ILLUSIONS.

TU ES ENCORE EN TRAIN DE TE FAIRE AVOIR, COMME AVEC...

... LE CASTOR.

... LE CASTOR M'A MANIPULÉE. C'EST VRAI. MAIS AU MOINS... IL M'A PERMIS DE VOIR LA VRAIE NATURE DU MONDE.

CASSANDRA, JE T'EN PRIE. ARRÊTE CES BÊTISES. LA FIN N'EST PAS POUR TOUT DE SUITE. JE LE SAIS.

64

HA ! HA ! HA !
LE LIVRE, NOUS L'AVONS !
PRÉPAREZ-VOUS, MES AMIS,
NOUS NOUS RENDONS AU...

PIC DE LA
SOUFFRANCE
ÉTERNELLE.

HU ! HU ! HU !
DÉPRAVATION !
CRUAUTÉ !

HOU !
JE PEUX EN AVOIR
UNE GORGÉE ?

NHHGG !!
RIEN À FAIRE...

SI SEULEMENT
IL Y AVAIT
QUELQUE CHOSE
ICI POUR
M'AIDER...

?

PRÉPARE-TOI À LÉCHER CE LIVRE !

LÉCHER ? JE CROYAIS QU'IL FAUDRAIT Y METTRE UNE GOUTTE DE SANG, OU FAIRE UN SACRIFICE RITUEL, JE NE SAIS PAS...

OUAIS, BEN... JE CROIS QUE LES ÉDITEURS TROUVAIENT ÇA UN PEU TROP VIOLENT...

C'EST VRAI QU'IL Y A DES ENFANTS QUI POURRAIENT LIRE ÇA.

OH ! ARRÊTEZ ÇA, IL NE FAUT PAS CACHER LA VIOLENCE AUX ENFANTS, IL FAUT LEUR MONTRER ET PRENDRE LE TEMPS DE LEUR EXPLIQUER, ILS DEVRONT BIEN Y ÊTRE CONFRONTÉS UN JOUR.

TON ARGUMENT EST BON, MAIS TU OUBLIES UN DÉTAIL, C'EST QUE...

Mettez la langue de l'élu ici.

HONK

HÉ, HO ! ON PEUT ENCHAÎNER ?

ARGHEU !

LE LIVRE ! COLÈRE, VA LE CHERCHER !

JEAN ! SUIS-LE !

COMPRIS !

VS

POUR PLUS D'INTENSITÉ, ÉCOUTEZ «DIES IRAE» DU REQUIEM DE VERDI EN LISANT CETTE SCÈNE.

TIENS BON !

HÉ! HÉ! HÉ! TU VOIS, J'AVAIS RAISON.

NON SEULEMENT TU N'ARRIVERAS PAS À SAUVER CE MONDE...

MAIS EN PLUS, TU N'ARRIVERAS PAS À ME SAUVER... MOI.

NON... NON!

C'EST IMPOSSIBLE !!!

BONJOUR, MARTHA.

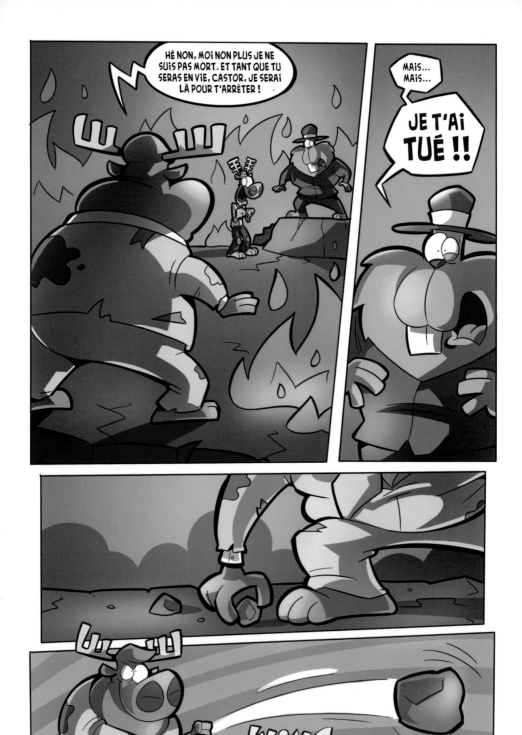

THÉODORE.

APRÈS L'EXPLOSION DE L'ÉDIFICE Z, J'AI ÉTÉ PROTÉGÉ PAR LA COMBINAISON SPÉCIALE DE ALE, ET JE ME SUIS RETROUVÉ ENFOUI SOUS DES TONNES DE DÉCOMBRES.

HEUREUSEMENT, EN ME FAUFILANT ENTRE LES ROCHES, J'AI TROUVÉ UN PETIT ENDROIT AVEC DE L'EAU POTABLE, ET J'AI PU MANGER LES INSECTES ET LES RATS QUI PASSAIENT PAR LÀ.

VOUS EN AVEZ MANGÉ BEAUCOUP À CE QUE JE VOIS.

OUAIS BEN... JE SUIS TOMBÉ SUR DES RATS QUI AIMAIENT BEAUCOUP LES LAITS FRAPPÉS.

DE TOUTE FAÇON, AVEC TOUT L'ENTRAÎNEMENT QUE J'AI EU AVEC L'AGENCE, J'AI PU SURVIVRE PENDANT...

VINGT ANS.

EUH, COMBIEN DE TEMPS JE SUIS RESTÉ LÀ-DEDANS ?

QUOI ? ÇA M'A PARU SEULEMENT TROIS MOIS !

SÉRIEUSEMENT ?

OUAIS ! JE FAISAIS DES MATCHS DE TENNIS AVEC LES RATS. DES BONS SOUVENIRS !

MAIS JE SUIS HEUREUX QUE VOTRE COMBAT TROP ÉPIQUE AIT PU CRÉER UN CHEMIN POUR ME LIBÉRER.

ET... POUR JEAN ? POURQUOI NOUS N'AVONS JAMAIS SU QUE VOUS AVIEZ UN FILS ?

OUAIS, JEAN FAISAIT PARTIE DE MES... PETITS SECRETS. JE VOULAIS LE TENIR LOIN DE MON TRAVAIL.

MAIS QUAND J'AI VU QUE CETTE MISSION AVEC LE CASTOR ALLAIT SÛREMENT ÊTRE MA DERNIÈRE, J'AI CONFIÉ JEAN À UN BON AMI À MOI...

SI JAMAIS IL M'ARRIVAIT QUOI QUE CE SOIT, DÉPOSE-LE SUR LE PERRON DE L'AGENCE.

S'IL Y A DES GENS À QUI JE FAIS CONFIANCE POUR S'OCCUPER DE MON P'TIT JEAN, CE SONT BIEN EUX.

ET À CE QUE JE VOIS, J'AI BIEN FAIT !

GNN !

EH BIEN, BON RETOUR PARMI NOUS. PRENEZ LE TEMPS DE RELAXER ET DE VISITER LES LIEUX, FAITES COMME CHEZ VOUS.

MERCI, MARTHA. C'EST BON DE REVENIR.

AMENEZ-MOI LE CASTOR EN SALLE D'INTERROGATION.

FAUT QU'ON PARLE, LUI ET MOI.

HÉ P'PA, FAUT QUE JE TE MONTRE MON ANIMAL DE COMPAGNIE !

HA, OUI ? C'EST QUOI ? UN P'TIT CHIEN ?

NON ! C'EST UN ŒIL GÉANT MUTANT !

UN QUOI ?

MA FIN DU MONDE ? HÉ, HÉ. C'ÉTAIT PAS TRÈS COMPLIQUÉ.

LES TREMBLEMENTS DE TERRE ÉTAIENT CAUSÉS PAR UNE MACHINE DE MON INVENTION, PLACÉE À DIFFÉRENTS ENDROITS SUR TERRE.

ET LA PLANÈTE MAKHUS N'EST QU'UN HOLOGRAMME PROJETÉ À PARTIR DE LA LUNE, TOUT COMME LE CIEL ROUGE.

POUR LES VOLCANS, J'AI SIMPLEMENT CHOISI L'ENDROIT OÙ L'ACTIVITÉ VOLCANIQUE ÉTAIT LA PLUS HAUTE, LES TERRES ROUGES. C'EST SIMPLE !

ET LES ABEILLES ?

AH. POUR ÇA, J'AI RIEN FAIT. LES ABEILLES SONT RÉELLEMENT EN TRAIN DE DISPARAÎTRE DE LA TERRE. ÇA POURRAIT DEVENIR UN VÉRITABLE PROBLÈME !

VOUS VOUS ÊTES DONC SERVI D'UNE VIEILLE PROPHÉTIE BIDON POUR CRÉER UNE FAUSSE PANIQUE ET ORCHESTRER VOTRE RETOUR D'ENTRE LES MORTS.

POURQUOI ?

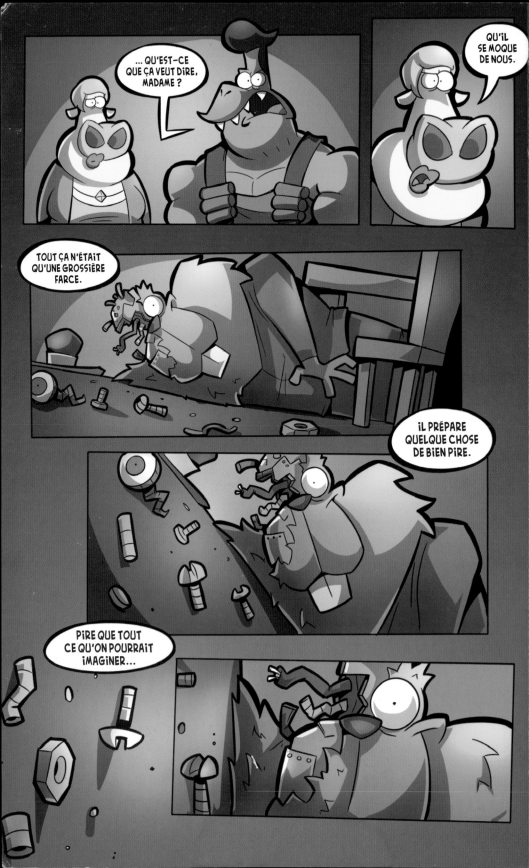

BONJOUR. MON NOM EST NOÉ.

COMME VOUS LE SAVEZ MAINTENANT, LES ABEILLES SONT RÉELLEMENT EN TRAIN DE DISPARAÎTRE DE LA SURFACE DE LA TERRE.

TEL UN YÉTI DEVANT UN GEYSER DE MAGMA, NOTRE MONDE E EN DANGER.

BIEN SÛR. CETTE HISTOIRE A UNIQUEMENT ÉTÉ ÉCRITE POUR VOUS SENSIBILISER À LA CAUSE DES ABEILLES.

DONC, SI EN VOUS PROMENANT DEHORS AUJOURD'HUI, VOUS TOMBEZ SUR UNE ABEILLE, SOYEZ GENTIL AVEC ELLE.

DITES-LUI DES MOTS DOUX, OFFREZ-LUI UN CAFÉ. LA PLANÈTE VOUS DIRA «MERCI».

MAINTENANT, JE RETOURNE DANS L'OMBRE. NOUS NOUS REVERRONS BIENTÔT.

OH MAIS... J'Y PENSE... C'EST QUOI LE RAPPORT DE CRIER «PASTÈQUE» POUR QUE JEAN RETROUVE LA MÉMOIRE ?!

J'AI VRAIMENT PAS COMRPIS CE PASSAGE, QUELQU'UN PEUT M'EXPLIQUER ??

ALEXBD.COM/PASTEQU

ALEX A.
BÉDÉISTE

alex@alexbd.com
alexbd.com
www.facebook.com/agentjean

LE CERVEAU
DE L'APOCALYPSE

LA FORMULE V

BANDES DESSINÉES
DÉJÀ PUBLIÉES

OPÉRATION
MOIGNONS

LA PROPHÉTIE
DES QUATRE

LE FRIGO
TEMPOREL

UN MOUTON
DANS LA TÊTE

L'ULTIME SYMBOLE
ABSOLU